Susanne und Peter Bauzen

Gepreßte Blumen

Sammeln und basteln

Frech-Verlag Stuttgart

ISBN 3-7724-0340-9 · Best.-Nr. 505

frech-verlag
GmbH + Co. Druck KG Stuttgart
Druck: Frech Stuttgart

Inhalt

Sammeln und präparieren

Wann und wo sammeln wir unsere Pflanzen?

Vom Frühjahr bis zum Herbst finden wir die verschiedensten Blumen und Pflanzen, die sich zum Pressen und Aufbewahren eignen.

Ob wir in der Heide, im Wald, über Feldwege, am Flußufer, im Seengebiet, über Wiesen, im Flach-, Hügel- oder Bergland wandern, überall finden wir eine Fülle von Blumen, Gräsern, Blättern und Pflanzen.

Wer einmal versucht, sich einige Pflanzen zum Pressen auszuwählen, wird erstaunt sein, wieviele verschiedene Sorten es gibt und wie wenig man sie bisher beachtete.

Eine Übersicht über den Zeitpunkt zum Sammeln der einzelnen Pflanzen ist schwer zu geben. Die am Ende des Buches angeführte Tabelle soll deshalb nur als ungefähre Richtlinie angesehen werden.

Je nach Witterungseinflüssen wird man diese Blumen früher oder später finden. Eine weitere Verschiebung bringen die geographische Lage und die Höhenunterschiede. Wer eine Ferienreise in die südlichen oder nördlichen Länder unternimmt, wird dort andere Verhältnisse antreffen. In südlichen Ländern z. B. trocknen die Pflanzen infolge des meist trockenen Klimas sehr viel schneller und leichter.

Die Vor- und Nachmittagsstunden schöner, trockener Tage eignen sich zum Sammeln von Pflanzen am besten. Morgens, solange noch Tau auf den Pflanzen liegt, und während Regenwetter, ist das Sammeln wegen der Feuchtigkeit ebensowenig zu empfehlen, wie während der Mittagszeit an heißen Tagen, wenn die Blumen welk wirken.

Wie und welche Pflanzen sammeln wir?

Gesammelt werden nur wirklich gute Exemplare. Wir wählen die gerade aufgeblühten Blumen, deren Blätter beim Trocknen nicht gleich abfallen werden. Stiel, Blüten und Blätter sollen gut geformt und nicht von Insekten angefressen sein.

Die vorsichtig mit einer Schere oder einem Messer geschnittenen Blumen legen wir sorgfältig in einen Plastikbeutel und dann in einen Korb, damit sie unterwegs nicht zerdrückt werden. Daß wir keine Wurzeln mit herausreißen und Sträucher und Bäume nicht beschädigen, ist selbstverständlich. Es gibt aber auch Naturschutzgebiete, in denen überhaupt keine Pflanzen gepflückt werden dürfen. In verschiedenen Gebieten stehen bestimmte Blumen unter Naturschutz.

Eine hier abgebildete Pflanze berechtigt noch nicht zum Pflücken in jedem Gebiet. So stehen zum Beispiel die gezeigten Märzenbecher, in der Schweiz als Märzenglöckchen bekannt, in Deutschland unter Naturschutz.

Bei unter Naturschutz gestellten Pflanzen besteht die Gefahr, daß sie bei weiterem Pflücken ausgerottet werden. Um diese seltenen Arten zu erhalten, wird sich jeder gern an diese Bestimmungen halten.

Die meisten Gartenblumen, wie Tulpen, Rosen, Hyazinthen und ähnliche, eignen sich zum Pressen nicht. Für unsere Zwecke wählen wir am besten die vielen wildwachsenden Wald-, Wiesen- und Bergblumen. Gute Erfolge erzielen wir besonders mit Gräsern und Blättern von Sträuchern und Bäumen.

Die dicken gelben Blumen des Löwenzahnes oder sehr große Margeriten, Sumpfdotterblumen und ähnliche Blumen sollte man zunächst meiden, denn sie sind schwierig zu pressen. Wer besonders schnell welkende Pflanzen sammeln möchte, oder wem noch ein langer Rückweg bevorsteht, fertigt sich zweckmäßig eine einfache Sammelmappe nach unserer Zeichnung an.

Wir benötigen zwei feste Stücke Karton und etwas Leinenband. Die Mappe soll groß genug sein, um die ersehnten Pflanzen aufzunehmen, aber auch nicht zu groß, damit man sie gern mitnimmt.
Für die meisten Fälle eignet sich die Größe von etwa 200 x 300 mm. Wer längere Touren macht und dabei nur einige besondere Pflanzen zurückbringen möchte, wähle etwa 150 x 200 mm. Diese Größe läßt sich selbst bei Bergtouren noch mühelos mitnehmen und reicht meistens aus.

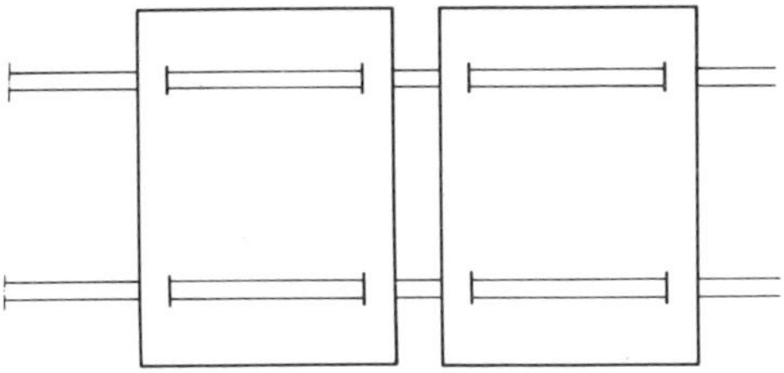

Abb. 1: Sammelmappe (oben)
Abb. 2: Blumenpresse (rechts)

In jeden Karton ritzen wir mit einem scharfen, spitzen Messer vier Schlitze und ziehen das Leinenband, wie die Zeichnung zeigt, hindurch. Dann schneiden wir gleich großes Löschpapier und legen es in die Mappe. Es ist ratsam, immer genügend gut saugendes Papier dabei zu haben.
So ausgerüstet, ist man sicher, selbst bei einem langen Weg die Pflanzen in gutem Zustand nach Hause zu bringen. Außerdem können wir noch einen Plastikbeutel oder Korb mitnehmen, damit empfindliche Pflanzen bis zum Pressen vor Druck und Verwelken geschützt bleiben.
Weniger empfindliche Blumen und Pflanzen können zu einem Strauß zusammengefügt werden, den man möglichst lose in der Hand trägt.
Sobald genügend gesammelt ist, suchen wir einen schattigen Ruheplatz und ordnen die Pflanzen sorgfältig in die Mappe ein.
Es gibt neuerdings eine Blumenpresse mit den Maßen 18 cm x 18 cm. Diese ist handlich und leicht mitzunehmen.

Wie trocknen wir Pflanzen und was brauchen wir hierfür?

Die Erfahrung zeigt, daß ein rasches Trocknen der Pflanzen zwischen gut saugendem Papier, zum Beispiel Löschpapier, zu den besten Erfolgen führt. Hierbei sollen die Pflanzen aber nicht zu dicht und nicht zu viele Pflanzen in die gleiche Mappe eingeordnet werden.
Ein Löschpapier wird auf den Karton der Mappe gelegt, die ersten Pflanzen darauf

ausgebreitet, dann mit dem nächsten Bogen Löschpapier sorgfältig bedeckt. Jede Pflanze wird in eine gute Lage gebracht, auch sollen sich die verschiedenen Exemplare nicht überdecken. Blüten und Blätter sollen glatt liegen, keine Falten werfen und nicht umgebogen sein.
Gleichartige Pflanzen werden nebeneinander gelegt, um ein gleichmäßiges Pressen zu erreichen. Das heißt, daß man zum Beispiel neben eine zarte Glockenblume vielleicht feine Gräser legt, aber niemals ein grobes, dickes Gras. Wenn die eingelegten Pflanzen wegen der unterschiedlichen Stärke nicht an den Löschblättern anliegen, kann die Feuchtigkeit nur ungenügend entzogen werden, außerdem besteht die Gefahr, daß sich die Blätter beim Trocknen zusammenkräuseln.
Den nächsten Zwischenraum zwischen den Löschblättern lassen wir frei, um zu Hause hier eine weitere Lage gut saugendes Papier einzulegen. Also immer eine Lage Blumen und einen freibleibenden Platz. Wir achten allerdings schon jetzt bei

diesem Übereinanderschichten darauf, daß zarte Pflanzen nicht von gröberen gedrückt werden können. Im Zweifelsfall legen wir gleich einen oder mehrere Bogen zusätzlich dazwischen.
Die Bänder der Mappe werden gut angezogen, damit die eingelegten Pflanzen nicht verrutschen können und ein enger Kontakt zwischen Löschpapier und Pflanzen entsteht. In der zugeschnürten Mappe können die Pflanzen heil nach Hause getragen werden.
Dort werden sofort zusätzliche Lagen gut saugenden Papiers in die freien Zwischenräume gelegt. Es kann trockenes Zeitungspapier sein. Bei kalter und nasser Witterung sollte man es vorher erwärmen und eventuell am nächsten und übernächsten Tag wieder durch anderes, gut vorgewärmtes Papier ersetzen. Die Bänder der Mappe werden zum Schluß wieder gut zusammengeschnürt. Obenauf legen wir einige Bücher, um den Druck zu verstärken.
Die einmal zum Pressen gelegten Pflanzen müssen gut austrocken. Die Zeit hierfür ist verschieden; sie richtet sich nach der Art des eingelegten Materials, der Temperatur und der Luftfeuchtigkeit. Man läßt die Pflanzen lieber ein wenig zu lange in der Mappe, da manche Pflanzen halb getrocknet sehr empflindlich sind und schwer wieder in ihre alte Lage gebracht werden können, wenn sie einmal verrutschen. Besonders größere, noch feuchte Blumenblütenblätter, kräuseln sich und können nicht mehr verwendet werden. Gräser lassen sich am leichtesten pressen. Hier genügt schon das Einlegen unter etwas Druck zwischen Zeitungspapier.
Margeriten und andere Korbblütler dagegen brauchen besondere Sorgfalt, wenn die weißen Randblütenblätter nach dem Pressen glatt und nicht gekräuselt, und die gelben Röhrenblüten nicht gequetscht erscheinen sollen. Beim einfachen Einlegen zwischen Löschpapier kräuseln sich die meisten weißen Blätter, wenn das gelbe Innere gut erhalten bleibt. Erhöhen wir jedoch den Druck auf die Pflanze, um dem Einkräuseln der Blätter entgegen zu wirken, so wird die gelbe Mitte leicht gequetscht und unschön.
Hier helfen wir uns, indem wir die Blüten besonders sorgfältig einlegen. Wir schneiden aus einigen kleinen Löschpapierstükken in der Mitte ein rundes Loch in der Größe des Durchmessers der gelben Röhrenblüten heraus und legen vor und hinter die weißen Blütenblätter soviel Löschpapierscheiben, daß diese etwa der Dicke der gelben Mitte entsprechen.

Mit dieser Methode können wir auch Korbblütler wohlbehalten trocknen.
Um die getrockneten grünen Blätter der Margerite beim Entfernen der Papierscheiben nicht zu beschädigen, erhalten diese einen Schlitz, durch den die Pflanze seitlich herausgeschoben werden kann.
Pflanzen, die während des Pressens braun werden, wurden in den meisten Fällen nicht schnell genug trocken; sie färben sich durch Fermentation. Wir können die unter dem Einfluß von Fermenten hervorgerufene Gärung vermeiden, wenn wir uns um ein gutes und rasches Trocknen bemühen. Das heißt, genügend Zwischenlagen und zeitweiliges Auswechseln derselben, besonders bei wasserhaltigen Pflanzen.
Eine Fotopresse oder etwas ähnliches kann gute Dienste leisten.
Wir legen die Blumen zwischen gut sau-

gendes Löschpapier auf die Platte der Fotopresse und spannen den Deckel darüber. Die Presse soll jedoch nur eben warm werden: zu hohe Temperatur macht die Blumen spröde. Zeitweiliges Ein- und Ausschalten der Presse ist zu empfehlen.
Das Leinentuch der Presse wird sehr stramm eingestellt, damit es auf die eingelegten Pflanzen drückt und das Kräuseln verhindert wird.
Von verschiedenen Gartenblumen, die sich

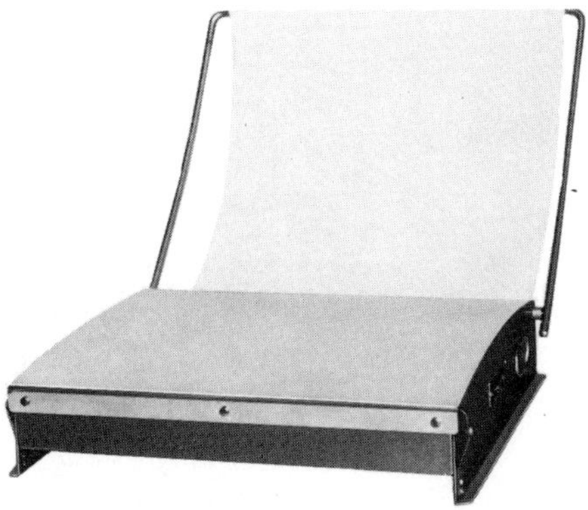

als Ganzes nicht gut pressen lassen, da sie zu dick sind, können die einzelnen Blütenblätter auseinander genommen und separat gepreßt werden. Später können die einzelnen Blätter nach Wunsch wieder zusammengesetzt werden.
Hierbei wählt man die verschiedensten Arten von Dahlien, Geranien, Stockrosen und ähnliche Blumen. Die Stengel dieser Blumen eignen sich meistens wegen ihrer Dicke und Sperrigkeit nicht zum Pressen. Es ist deshalb zu empfehlen immer zusätzlich einige Stengel und Blätter wildwachsender Blumen zu pressen, damit man beim Zusammenstellen von Bildern immer je nach Form, Blumen und Stengel zusammen variieren kann. Als Mitte dieser Fantasieblumen eignen sich die Mitten von Gänseblümchen, Margeriten oder anderen Korbblütlern.

Wie erhalten wir farblich schöne Pflanzen?

Wer alle Anweisungen befolgt hat, wird seine Pflanzen, bis auf wenige Ausnahmen, mit noch gut erhaltenen Farben aus der Presse herausnehmen. Aber auch wenn die Pflanzen sorgfältig und gut getrocknet sind und nach dem Pressen farblich recht gut erscheinen, so sind die meisten doch wenig lichtecht. Das heißt, die einen werden schneller und die anderen langsamer durch die Lichteinwirkung verblassen. Deshalb werden Pflanzen für ein Herbarium in lichtundurchlässigen Kästen oder Schränken aufbewahrt.
Da wir unsere Blumen und Pflanzen jedoch für dekorative Schmuck- und Gebrauchsgegenstände verwenden wollen, wählen wir eine Methode, bei der die Pflanzen so gut wie möglich in ihrer natürlichen Farbe erscheinen.
Das Blau einer Glockenblume verwandelt sich schon während des Trocknens oder bald danach in ein Grauweiß, während das Gelb einer Butterblume (Hahnenfuß) sehr lange seine natürliche Farbe behält. Das Grün der Blätter und Stiele ist nach dem Trocknen meist etwas verändert, jedoch noch recht gut erhalten. Es wird aber später durch Lichteinwirkung immer heller, bis es eine strohfarbene, fast weiße Färbung annimmt.
Die beste und sicherste Methode ist das Einfärben der Pflanzen und Blüten nach dem Trocken in ihrer natürlichen Farbe. Hierfür benutzen wir gewöhnliche Wasserfarbe.
Ein erster Versuch wird zeigen, daß die Pflanzen das Wasser abstoßen und die Farbe nicht annehmen wollen. Deshalb drücken wir auf den nassen Pinsel einen Tropfen flüssiges Geschirrspülmittel und mischen dann die Wasserfarbe mit diesem Zusatz wie gewöhnlich. Da die einen Pflanzen mehr, die anderen weniger wasserabstoßend sind, mischt man dementsprechend mehr oder weniger Spülmittel dazu. Für einige Blüten, wie zum Beispiel die

Krokusblüte, hat sich das Unterlegen von Papier in der entsprechenden Blütenfarbe gut bewährt. Dieses Verfahren wird man dort anwenden, wo die Blütenblätter nach dem Trocknen transparent erscheinen und sehr zart und dünn sind. Hier eignet sich das Auftragen von Farbe nicht.
Man schneidet sich deshalb die Größe der Blüten aus Papier, das man unter die Blüten klebt. Wer einen Gummiklebstoff zur Hand hat, kann auch das Papier damit bestreichen und dann die Pflanzen darauf legen und festdrücken. Der neben den Rändern der Blume noch verbleibende Klebstoff kann, sobald er trocken ist, leicht abgerieben und die Blume mit der Schere ausgeschnitten werden.

Das Herbarium

Obgleich wir uns hauptsächlich mit dem künstlerischen Gestalten der Pflanzen befassen wollen, soll doch kurz auf die wissenschaftliche Art des Sammelns hingewiesen werden.
Das Trocknen und Pressen kann auf die schon beschriebene Art ausgeführt werden. Ein Unterschied liegt jedoch schon beim Sammeln der Pflanzen. Während wir uns vorher nur auf die schönen, sich als Verzierung geeigneten Teile einer Pflanze beschränkt haben, achten wir beim Anlegen eines Herbariums darauf, alle Teile der Pflanze, teilweise sogar mit der Wurzel einzusammeln. Oft ist erforderlich, den glei-

chen Standort wiederholt aufzusuchen, um Knospen, Blüten und zum Schluß die Samen der gleichen Pflanze zu erhalten.
Über den Standort oder andere wichtige Merkmale mache man sich an Ort und Stelle Notizen, da man sich später unmöglich an alle Einzelheiten erinnern kann. Man wird also die Beschaffenheit des Bodens vermerken, ob es sich um einzelne, im Gebiet seltene oder zahlreich vertretene Pflanzen handelt und ob diese in Stauden zusammen wachsen. Auch der Zeitpunkt wird vermerkt. In den Bergen ist auch die Höhenlage zu notieren.
Nicht immer lassen sich alle Teile präparieren und in die botanische Sammlung legen, da in der Größe Grenzen gesetzt sind. Hier wird ein geschickter Zeichner mit Skizzen ergänzen oder die Kamera zur Hand nehmen.
Es ist anzustreben, von einer Pflanze alle Stadien des Wachstums einzusammeln und möglichst umfangreiche Aufzeichnungen zu machen.
Es versteht sich von selbst, daß für die wissenschaftliche Art des Sammelns alle zu einer Pflanze gehörenden Teile auf einem Bogen angeordnet werden, nachdem deren Namen sorgfältig an Hand von Büchern festgestellt wurden. Die Namen werden am besten vor dem Pressen bestimmt, da dann manche Einzelheiten besser zu erkennen sind und verdeckte Teile mit einer Pinzette freigelegt werden können.
Die sorgfältig gepreßten Pflanzen werden sofort in das Herbarium eingeordnet und vor Lichteinwirkung geschützt. Viele Pflanzen lassen sich ohne nennenswerte Farbänderungen pressen und jahrelang aufbewahren, solange dies im Dunkeln geschieht. Es gibt aber auch eine Reihe von Pflanzen, die schon nach einiger Zeit verbleichen, wie zum Beispiel die Glockenblume (Campanula).
In bestimmten Lösungen lassen sich die grünen Pflanzenteile auffrischen. Dies eignet sich jedoch nur für das Herbarium, da die aufgefrischten Farben unter der Einwirkung des Lichtes wieder verbleichen.

Für Orchideen, die zum größten Teil unter Naturschutz stehen, kann man ein Sonderverfahren zum Präparieren benutzen: Man legt die Pflanzen mit etwas Schwefel, den man anzündet, in eine Blechdose und schließt sie fest. Nach etwa einer Stunde kann die Pflanze herausgenommen werden. Sie ist dann ganz schlapp und fast gelb geworden und wird so zwischen weißes Löschpapier eingelegt und wie üblich getrocknet. Die Blütenfarbe erscheint beim Trocknen wieder, doch in den meisten Fällen nicht ganz in den natürlichen Tönen. Vor allem kommen die Zeichnungen nicht gut zum Ausdruck, und bei den Blättern bleiben die Farben matt und unschön. Aber wenn man nichts macht, werden sie unfehlbar schwarz.
Das Schwefeln der Pflanzen soll im Freien oder mindestens in einem sehr gut gelüfteten Raum vorgenommen werden, da brennender Schwefel sehr schlecht riecht.

Das Färben der Pflanzen mit Wasserfarben, welches für das Gestalten zu guten Ergebnissen führt, ist für die wissenschaftliche Sammlung nicht angebracht.
Für ein Herbarium ist es wichtig, daß man alle Pflanzen systematisch sammelt und anordnet, sowie ein gutes Inhaltsverzeichnis, beziehungsweise eine Kartei führt, damit man stets eine Übersicht über die bereits vorhandenen Teile hat.

Künstlerisches Gestalten mit Blumen und Pflanzen

Pflanzen unter Glas

Pflanzenbilder durch Glas zu schützen ist eine sehr schöne Möglichkeit und dazu noch die einfachste Art der Gestaltung. Für Wandschmuck können verschiedene Arten von Rahmen gebraucht werden. Gewöhnliche Foto- oder Bilderrahmen in allen Größen lassen sich genau so gut verwenden wie Wechselrahmen. Eigene Rahmen können auch durch Verbinden von Glas und Karton für den Rücken mit Passepartoutband oder farbigem Klebeband angefertigt werden.
Um Wandschmuck ohne Umrahmung selbst zu arbeiten, benötigen wir neben dem Befestigungsmaterial eine Hartfaserplatte, eine Glasscheibe und ein Stück weißen oder farbigen Karton in der gleichen Größe. Sehr gut eignen sich Strukturpapiere, wie etwa Japanpapier. Der Hintergrund soll jedoch beim Betrachten des Bildes nicht das Hauptaugenmerk auf sich ziehen, sondern nur die Wirkung der Blumen untermalen.
Wir können unsere Blumenbilder noch weiter variieren, indem wir Schmetterlinge hinzufügen. Diese gibt es in sehr farbenfroher Ausführung mit echten Flügeln und Papierkörpern zu kaufen. Die gut getrockneten und gepreßten Pflanzen werden auf dem Untergrund angeordnet und dann jede Pflanze an einer oder mehreren Stellen mit UHU vorsichtig angeheftet, um ein Verrutschen zu vermeiden.
Ein wenig UHU wird auf den dicksten und breitesten Stellen hinten verteilt und diese sofort auf den Untergrund geheftet. Danach wird mit einer Nadel oder feinem Draht an anderen Stellen, etwa unter dem Stiel entlang oder unter Blättern etwas Klebstoff aufgetragen. Der jeweilige Pflanzenteil wird dazu mit einer Nadel leicht hochgehoben.
Anschließend kann die Glasscheibe darüber gelegt und mit einer Hartfaserplatte fest verbunden werden. Hierfür gibt es verschiedene Möglichkeiten.

Die verbindenden Elemente bestehen meistens aus kleinen Haken, die durch Federdruck Glas und Hartfaserplatte zusammenhalten und das Gewicht dadurch tragen, daß eine Spitze des Hakens in die Hartfaserplatte eingedrückt oder in ein kleines Loch eingeführt wird.
Bei der Verwendung von dickeren und festeren Hartfaserplatten, Sperrholz- oder Spanplatten, können auch sogenannte Spiegelwinkel verwendet werden, um Glas und Rücken fest miteinander zu verbinden. In der Zeichnung auf Seite 11 sind diese Verbindungen gezeigt.
Beim Wandschmuck, sowie bei allen anderen Pflanzen unter Glas, ist man gern geneigt, auch größere Blumen zu wählen. Nur sollten wir dann nicht vergessen, die dikken, harten Stiele vorsichtig mit einer Rasierklinge oder einem scharfen Messer zu halbieren und die hintere Seite zu entfernen. Die Befestigungshaken ziehen mit ihrer Federkraft das Glas und die hintere Platte zusammen. Werden zu dicke Gegenstände eingelegt, besteht die Gefahr, daß die Glasscheibe springt.

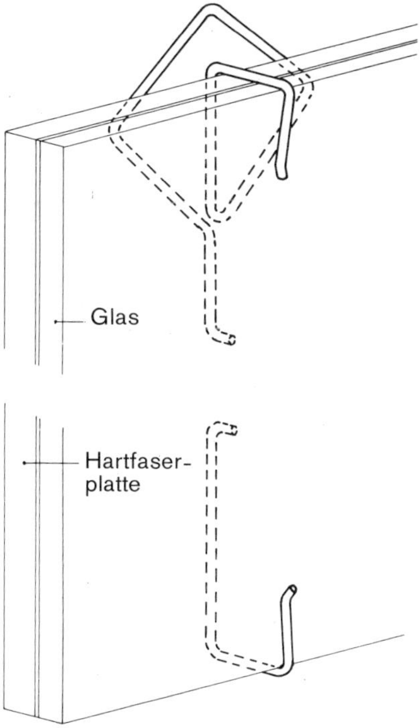
Glas
Hartfaser-
platte

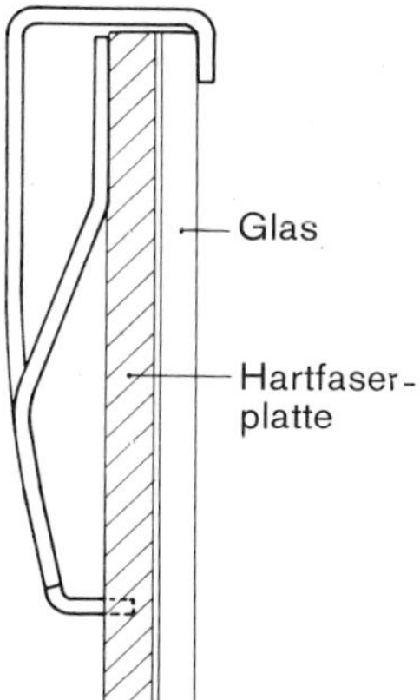
Glas
Hartfaser-
platte

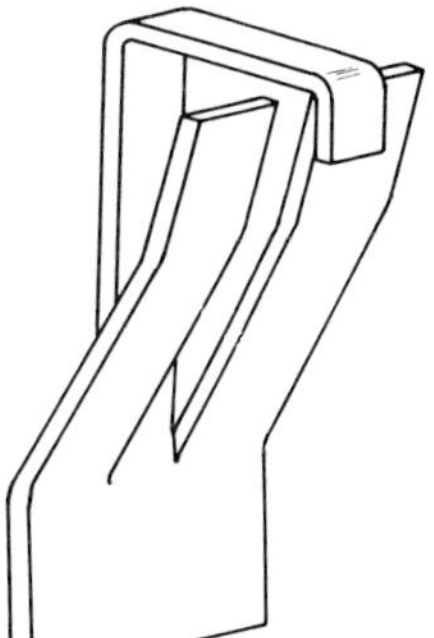

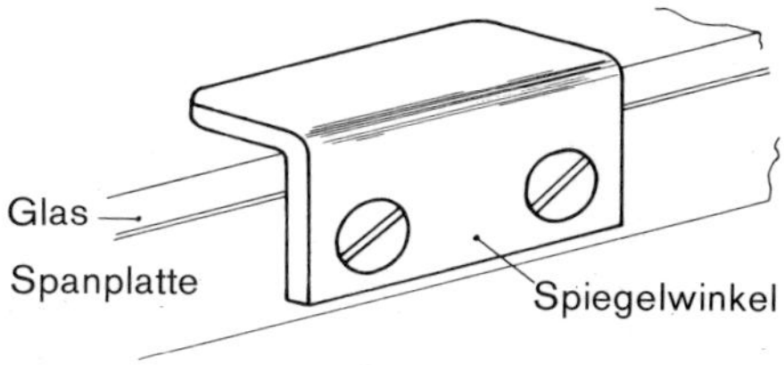
Glas
Spanplatte
Spiegelwinkel

Die meisten **Servierwagen** sind so ausgeführt, daß man die Platte leicht mit einem Blumenbild verschönern kann. Den oberen Abschluß bildet wieder eine Glasplatte, unter der das Blumenbild auf einem dekorativen Blatt ausgebreitet ist. Es empfiehlt sich auch hier wieder, die Pflanzen mit einem kleinen Tupfen UHU zu befestigen, damit ein Verrutschen beim Gebrauch des Servierwagens vermieden wird. Je nach Art des Servierwagens kann es erforderlich sein, das mit Blumen verzierte Blatt auch von unten durch eine feste Unterlage zu stützen, um ein Durchhängen zu vermeiden.

Ein niedriger aparter **Couchtisch** kann, wie die Zeichnung zeigt, leicht selbst angefertigt werden. Er eignet sich sehr gut zum Einlegen von Pflanzen.

Die Tischplatte wird aus einer Spanplatte von etwa 15 mm Dicke zugeschnitten. Auf diese legen wir einen weißen Bogen Japanpapier. Hierauf befestigen wir leicht unsere Blumen und bringen eine auf Maß geschnittene Glasplatte darüber an.

Die Verbindung zwischen Glas- und Spanplatte sowie die Abdichtung gegen Staub erreicht man durch das Ankleben einer Plastik- oder Aluminiumleiste rings um die Tischkante.

Wir bringen auch zwischen Glasoberfläche und Plastikleiste etwas Klebstoff ringsherum an, damit keine Feuchtigkeit eindringen kann. Überflüssiger Klebstoff wird nach dem Trocknen von der Glasplatte mit einer Rasierklinge wieder abgekratzt.

Unter die Spanplatte werden noch vier Füße geschraubt – sie sind fertig erhältlich –, und schon ist der Tisch bereit. Neben seinem gediegenen Aussehen ist er sehr praktisch, weil sich die Glasplatte leicht reinigen läßt.

Dekorativ ausgelegte **Servierbretter** bieten eine weitere Anwendung für gepreßten Blumenschmuck. Nicht nur mit Blumen, auch mit schönen Blättern lassen sich geschmackvolle Muster auslegen. Ein wenig Klebstoff hält die Pflanzen auf der Unterlage. Die Servierbretter sind oben wieder mit einer Glasplatte abgedeckt.

Den Rahmen für das kleine runde Tablett für Gläser bildet ein Deckel aus Kunststoff oder Metall, wie zum Beispiel von Seifentrommeln oder ähnlichen Behältern. Wegen der runden Form wählen wir als Schutz eher eine durchsichtige Plexiglasplatte. Dieses Material läßt sich leicht mit einer Laubsäge ausschneiden. Kleine Unebenheiten feilen wir ab.

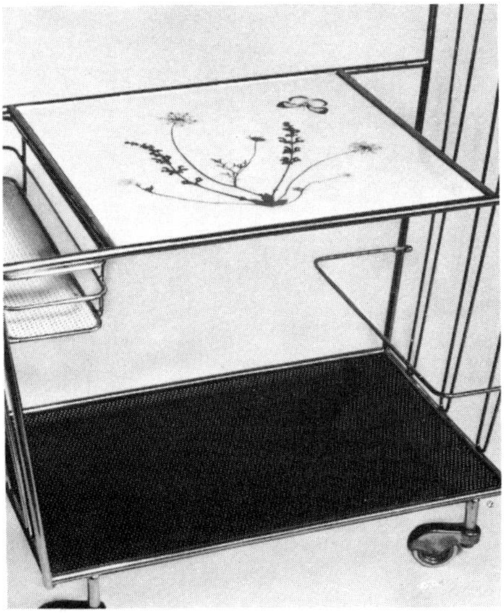

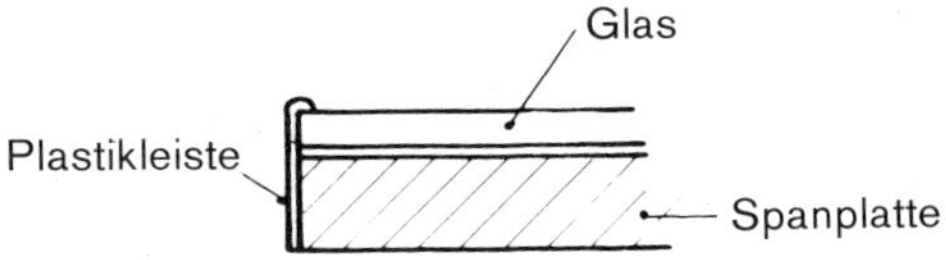

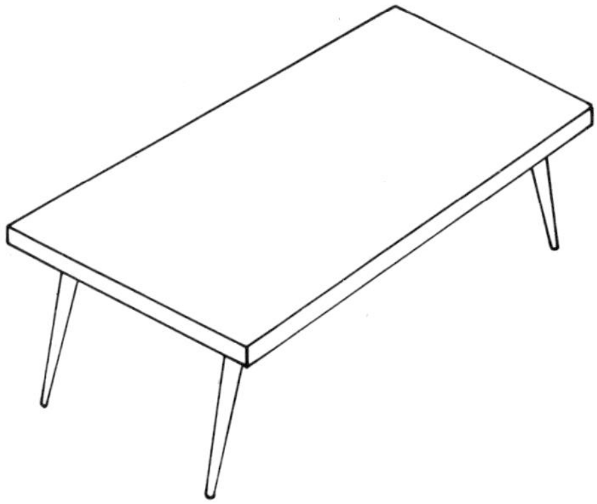

Um das Eindringen von Flüssigkeiten zu vermeiden, dichten wir zwischen der Plexiglasplatte und dem Rahmen ab. Dazu verwenden wir klaren Klebstoff, welcher auch Glas klebt. Diese Arbeit hinterläßt keine Spur, wenn sie sauber ausgeführt wird.

Pflanzen durch Folien schützen

Viele Möglichkeiten zur Verarbeitung von Pflanzen bieten die durchsichtigen Folien. Man unterscheidet selbstklebende Kontaktfolien und einfache glasklare nicht selbstklebende Folien. Beide Arten verwenden wir für die hier beschriebenen Gegenstände. Jede Folie läßt sich ihrem Charakter entsprechend verschieden verarbeiten.

Die selbstklebende, durchsichtige Kontaktfolie haftet auf allen glatten, staubfreien Oberflächen nach Entfernen des Schutzpapieres fest.

Überall, wo es sich um kleine Flächen handelt, bei denen meist dünne Pflanzen benutzt werden oder wo die Befestigung einer anderen Schutzfolie durch Bast oder anderes Material nicht erwünscht ist, erfüllt die Kontaktfolie ihren Zweck.

Bei größeren Flächen ist es jedoch nicht leicht, diese Folie ohne Falten und Blasen aufzuziehen und außerdem die Pflanzen nicht zu beschädigen. Die Folie zieht die Pflanzen, dort wo sie nicht am Untergrund festgeklebt sind, wie ein Magnet leicht hoch. Jede nichtgewollte Berührung mit der Folie ist deshalb zu vermeiden. Pflanzen, die einmal an der Folie haften, können nicht wieder entfernt werden.

Sind kleine Flächen zu beziehen, können wir das hintere Schutzpapier ganz entfernen. Mit beiden Händen halten und spannen wir die Folie und legen sie direkt auf die zu schützende Fläche. Von der Mitte her wird die Folie glattgestrichen.

Bei größeren Flächen ziehen wir am Ende ein Stück Schutzpapier hoch und entfernen einen schmalen Streifen am Rand. Die Folie wird zu einer Rolle geformt, die gut in der Hand liegt. Das vom Papier befreite Stück Folie wird auf seinen Untergrund gelegt und festgedrückt.

Anschließend kann das Schutzpapier langsam auf der ganzen Breite abgezogen werden. Immer von der Mitte beginnend, streichen wir mit einem gefalteten Tuch das vom Papier befreite Stück auf dem Untergrund glatt.

Beim Zuschneiden dieser Folien geben wir auf allen Seiten eine Zugabe, damit diese auch noch paßt, wenn sie sich beim Aufziehen etwas verschiebt. Die Ränder werden später sauber abgeschnitten.

Die nicht selbstklebende, glasklare Folie wird in verschiedenen Stärken hergestellt. Wir finden sie in Form von Schutzhüllen und als Verpackungsmaterial für die verschiedensten Zwecke. Wer die Folie aufbewahrt, hat schon Material für kleine Gegenstände bereit. Sonst gibt es glasklare Folien meter- oder blattweise in verschiedenen Stärken zu kaufen.

Für alle Folien wählen wir einen steifen Untergrund, damit die Pflanzen nicht geknickt werden.

Die Folien können auf ihren Untergrund geklebt werden. UHU-Alleskleber und UHU-plus haben sich hierfür bestens bewährt.

Für Plastik auf Zellulosebasis sind Azeton bzw. Chloroform ausgezeichnete Kleber auf Lösungsmittelbasis. Diese Flüssigkeiten werden mit einem kleinen Pinsel auf die zu klebenden Flächen zwei- oder dreimal aufgetragen, bis die Plastikoberfläche weich und klebrig wird. Jetzt können die beiden Teile einige Sekunden aufeinander gepreßt werden. Das Lösungsmittel verdunstet sofort, und die zu verbindenden Teile sind nun fest zusammengehalten.

Diese Lösungsmittel sind jedoch feuergefährlich. Für eine gute Lüftung des Raumes ist bei der Verarbeitung ebenfalls zu sorgen.

Für einen **Papierkorb** wird eine runde Papptrommel, wie sie zum Beispiel für die Verpackung von Waschpulver verwendet wird, mit dünnem Karton überzogen. Hierauf werden die Blumen mit wenig Klebstoff an einzelnen Stellen ringsherum befestigt, und dann eine durchsichtige Folie darüber gedeckt. Diese kann an den überstehenden Enden von oben nach unten vorsichtig zu-

sammengeklebt werden. Der obere und untere Rand wird direkt an die Unterlage geklebt.
Eine Holzeinfassung bildet den oberen und unteren Abschluß. Die Ringe hierfür biegen wir uns aus einer dünnen Holzleiste, deren Fasern in der Längsrichtung laufen, oder aus dickerem Furnierholz.
Nachdem die Seiten glatt geschmirgelt sind, wird die spätere äußere Ringseite mit Wasser angefeuchtet und an der Luft getrocknet. Das Holz wird hierbei mehr und mehr zu einem Ring gebogen, indem die Enden mit einem Band so zusammengehalten werden, daß schließlich ein Ring mit dem richtigen Durchmesser entsteht. Die

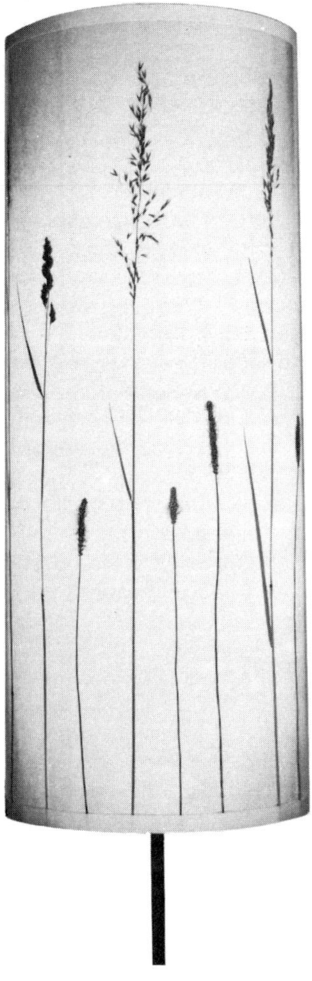

äußere Seite des Holzringes wird so oft befeuchtet und ausgetrocknet, bis die richtige Form erreicht ist. Je dünner die Holzleiste, desto leichter und schneller erhalten wir die runde Form.
Die Innenseite der Trommel, sowie der Boden, werden mit selbstklebendem Plastik überdeckt, damit sie nicht nur gut aussehen, sondern auch leicht zu reinigen sind.
Unansehnlich gewordene **Lampenschirme** lassen sich gut neu beziehen und mit Blumen schmücken. Die Drahtteile werden neu überstrichen und wieder benutzt. An Hand des alten Schirmes zeichnen wir die Abwicklung auf Papier. Danach schneiden wir unser Lampenmaterial zu, sowie ein Stück durchsichtige Folie. Auf der Papierabwicklung breiten wir unsere Blumen aus, um durch eine gute Verteilung die beste Wirkung zu erzielen. Anschließend kleben wir eine Blume nach der anderen vorsichtig auf den neu bezogenen Lampenschirm und decken die durchsichtige Folie darüber.
Zum Befestigen eignet sich ein Bastabschluß. Die transparente Folie wird mit dem Lampenschirm hiermit zusammengehalten, und der Drahtring ist innen gleichzeitig befestigt.
Auch große Lampenschirme für Stehlampen lassen sich anfertigen. Der gezeigte Lampenschirm ist etwa 80 cm hoch und etwa 32 cm im Durchmesser. Wer auch das Lampengestell anfertigt, sollte die Drähte hart zusammenlöten, da bei dieser Größe einfaches Weichlöten keine genügend feste Verbindung ergibt.

Schon wenige Gräser, etwa in Lampenhöhe mit kleineren gemischt, genügen als Schmuck. Sie werden am besten wieder auf einem großen Bogen angeordnet und dann auf den fertigen Lampenschirm geklebt.
Zum Schutz verwenden wir wieder eine transparente Folie, deren vertikale Naht vorsichtig verklebt wird. Ein weißes Leinenband bildet den oberen und unteren Abschluß.

Geschenkkästen für viele Zwecke können leicht mit ein paar Blumen verziert werden. Man fertigt sich entweder einen Kasten in der gewünschten Größe an oder verwendet einen schon vorhandenen und überzieht ihn mit neuem Papier. Die Pflanzen werden hierauf angeordnet und durch eine selbstklebende Folie geschützt.

Die verschiedensten im Handel als Verpackungsmaterial gebrauchten **Flaschen und Dosen** lassen sich sehr schön mit Blumen verzieren. Die Reklameaufschriften werden durch weißes oder farbiges Papier überdeckt und mit getrockneten Blumen verziert. Als Schutz wird eine durchsichtige Plastikfolie angebracht. Diese verschiedenen Dosen lassen sich gut mit Biskuit, Tee oder Kaffee gefüllt verschenken. Haarshampoo in Flaschen mit Blumen verziert, sind ein sehr persönliches Geschenk.

Eine Mappe mit neutralem **Briefpapier** läßt sich in ein persönliches und wertvolles Geschenk umwandeln, indem man die obere linke Ecke oder eventuell das ganze obere Stück vom Briefpapier mit Blumen verziert. Wie unser Beispiel zeigt, genügt hierfür schon eine einzige schöne Blüte. Wenn die Blumen an allen Stellen gut mit UHU oder Sprühklebstoff geklebt sind, kann man auf die Plastikfolie verzichten. Wenn es sich um besonders zerbrechliche Blumen handelt, ist es gut hinter das Blumenpapier im Kuvert einen schützenden dünnen Karton zu legen.
Es ist beim Schmücken des Briefpapieres darauf zu achten, daß bei Umschlägen, die in drei Teile zu faltendes Briefpapier haben, nur das obere Drittel verziert wird, da man das Blumenbild nicht knicken kann ohne es zu verletzen. Bei größeren Umschlägen, die nur ein einmaliges Falten des Briefbogens erfordern, kann die ganze obere Hälfte geschmückt werden.

Tisch- und Glückwunschkarten lassen sich in vielen verschiedenen Ausführungen anfertigen.

Für eine Party kleben wir die Blumen auf die fertig beschrifteten Tischkarten.

Da man Tischkarten im allgemeinen nur einmal gebraucht, kann man hier eventuell auf die Plastikfolie verzichten. Sollte es sich jedoch um einen Personenkreis handeln, den man öfter bewirtet und man möchte die schönen Tischkarten für das nächste Mal aufbewahren, so muß man diese sehr vorsichtig weglegen oder auch hier als Schutz eine Plastikfolie anbringen.

Eine originelle Idee ist es für eine Gartenparty oder eine andere Feier den Tisch mit blumengeschmückten Papptellern und Bechern zu verschönern. Hierbei können wir wie in unserem Beispiel die Teller sowie die Becher jeweils mit gleichen oder ähnlichen Blumen verzieren oder aber auch vollkommen verschiedene Motive wählen. Selbstverständlich suchen wir für diesen Zweck neutrale, d. h. ohne mit Mustern bedruckte Gegenstände aus. Bei den Tellern bezieht man nur den mit Blumen geschmückten inneren Teil mit Plastikfolie, während es bei den Bechern fast schöner ist, diese außen mit Folie zu beziehen.

Eine hübsche Glückwunschkarte erhalten wir, indem wir die eine Seite einer weißen Karte oder deren Ecke durch Aufkleben einer Pflanze verzieren. Auch hier kann eine selbstklebende Folie die Pflanze oder die ganze Vorderseite überdecken.

Ein **Brillenetui,** mit den passenden Wollgräsern oder anderen Pflanzen geschmückt, ist ein Geschenk mit persönlicher Note. Wir zeichnen die gewünschte Form des Etuis auf einen dünnen Karton, markieren in gleichmäßigem Abstand vom Rand die Löcher und schneiden hiervon zwei Stücke zu. Diese beziehen wir mit selbstklebender Plastikfolie mit Samteffekt. Für hinten und vorne schneiden wir in der gleichen Größe je noch ein Stück durchsichtige, jedoch nicht selbstklebende Folie.

Alle Stücke werden aufeinander gelegt und mit Hilfe einer Lochzange gelocht. Jetzt legen wir unsere Pflanze auf den Samt und befestigen sie mit etwas UHU.

Zum Verzieren eignen sich besonders Wollgräser oder ähnliche Pflanzen.

Die Folie wird als Schutz über die Pflanzen gelegt und das Ganze mit Bast oder einer passenden Schnur zusammengebunden.

Eine **Buchhülle** wird ähnlich angefertigt. Auch hier liegen die Pflanzen auf einer selbstklebenden Samtfolie, welche auf einem Karton befestigt ist. Beim Lochen empfiehlt sich hier, zuerst nur den überzogenen Karton zu bearbeiten und dann anschließend die Plastikhülle.

Über die vorsichtig mit Klebstoff gehefteten Pflanzen legen wir außen die durchsichtige Hülle und an den Innenseiten jeweils ein Stück zum Einschieben der Buchdecken. Sobald einige Löcher in der Plastikfolie angebracht sind, wird der Bast hindurchgezogen, damit sie nicht verrutschen. Ein Lesezeichen kann passend zur Buchhülle gearbeitet werden.

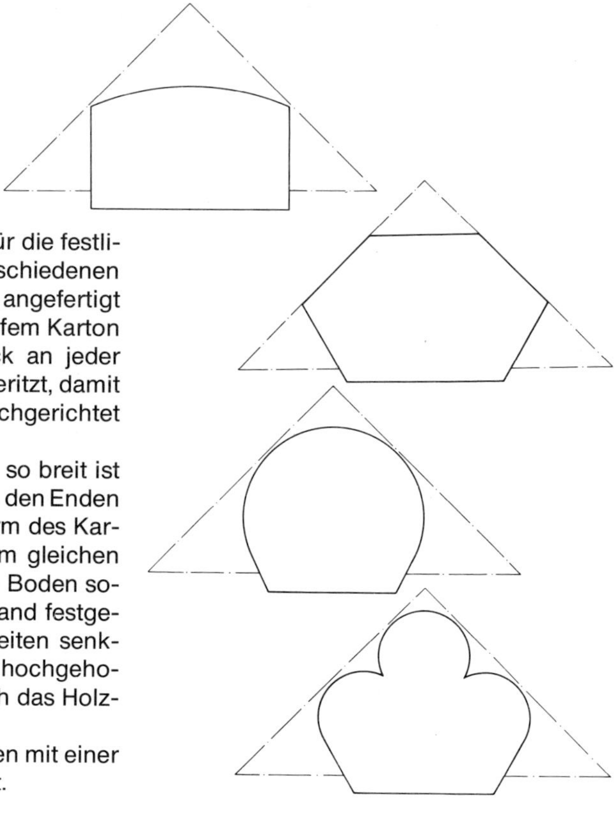

Ein schöner **Serviettenhalter** für die festliche Tafel kann in vielen verschiedenen Formen und Ausführungen angefertigt werden. Die Hülle wird aus steifem Karton zugeschnitten, das Bodenstück an jeder Seite mit einem Messer leicht geritzt, damit die Vorder- und Hinterseite hochgerichtet werden können.
Ein etwa 1 cm hohes Holz, das so breit ist wie der Serviettenhalter, wird an den Enden so abgeschrägt, daß es die Form des Kartons hat. Dann wird es mit dem gleichen Karton überzogen und auf dem Boden sowie an der Vorder- und Rückwand festgeklebt. Hierdurch bleiben die Seiten senkrecht, die Servietten sind etwas hochgehoben, und das Ganze steht durch das Holzgewicht fester auf dem Tisch.
Die aufgeklebten Blumen werden mit einer durchsichtigen Folie überdeckt.

Auch für einfache **Zündhölzer** oder für die größeren Kaminhölzer läßt sich ein schöner Halter arbeiten. Auf eine Holzplatte wird ein Holzklotz geleimt, der sich in die Hülle schieben läßt. Je nach dessen Höhe ist die Schachtel mehr oder weniger offen, wie das Bild oben zeigt.

Untersetzer, Zierdecken und **Sets** lassen sich ebenfalls herstellen. Je nach Größe und Verwendung des fertigen Gegenstandes wird die obere Schutzfolie dicker oder dünner gewählt. Zur Versteifung kann als Untergrund auch ein fester Karton gewählt werden.
Zum Einlegen wählen wir am besten dünne Blätter oder Blumen. Ungleichmäßige und zu dicke Pflanzen müssen in einen weichen Untergrund eingebettet werden oder die obere Schutzschicht ist entsprechend dikker zu wählen, damit sie nicht durch Unebenheiten wellig erscheint.
Das Zusammenfügen des Unter- und Oberteiles kann ebenfalls mit Bast erfolgen. Wer für einen Set eine glasklare, an drei Seiten geschlossene Dokumentenhülle verwendet, hat nach dem Einlegen der auf einem Untergrund befestigten Blumen, nur noch eine Seite zu schließen. Dies kann durch vorsichtiges Verkleben oder Verschweißen durch Erwärmen und gleichzeitigem Zusammendrücken mit einem Bügeleisen erfolgen.

Pflanzen durch Lack schützen

Einen weiteren guten Schutz bietet ein durchsichtiger Lackanstrich, welcher die Pflanzen auf dem Untergrund festhält und gleichzeitig die Pflanzen schützt. Hierfür eignen sich klare Lacke, die im flüssigen Zustand nicht zu dünn sind und welche hart trocknen ohne zu sehr zu glänzen, wie zum Beispiel Nitrolack.
In den meisten Fällen wird es sich um **Holzgegenstände** handeln. Zum Beispiel Kleiderbügel, Bürsten, Brieföffner, Bleistiftschalen, Spanschachteln, runde oder viereckige Holzgefäße mit flachem Deckel, sowie Holzteller und -untersetzer zum Verzieren. Diese sind oft fertig, jedoch mit einer unbehandelten Oberfläche zu erhalten.
Beim Kauf achten wir auf Holztönung und -maserung, denn diese sollen nicht zu sehr hervortreten. Mit feinem Glaspapier werden alle Gegenstände glatt geschliffen und der entstehende feine Staub entfernt.
Dann wird eine dünne Lackschicht aufgetragen und nochmals mit ganz feinem Glaspapier glatt geschliffen. Nun folgt die zweite Lackierung. Auf die noch feuchte Schicht legen wir unsere Pflanzen: Mit einem Pinsel drücken wir sie vorsichtig an den Lack, damit sie gut haften. Nach dem Trocknen können wir noch einmal lackieren.
Besonders für Gebrauchsgegenstände wählen wir nur dünne Pflanzen. Dicke Stengel werden eventuell halbiert. An hochstehenden Pflanzenteilen tragen wir den Lack etwas dicker auf, damit diese im Gebrauch nicht abgerieben werden können.
Auch **Buchstützen** lassen sich herstellen. Ein schön gemasertes Holz wird zugeschnitten und ein Ausschnitt für den Fuß angebracht, den wir aus einem Stück Aluminiumblech biegen. Metall und Holz wird mit kleinen Holzschrauben oder Nägeln zusammengehalten oder verklebt.
Eine Unterlage aus Filz oder Schaumgummi dient zum Schutz für die Möbel. Zum Schluß wird der Lack aufgetragen und die Blumen befestigt.

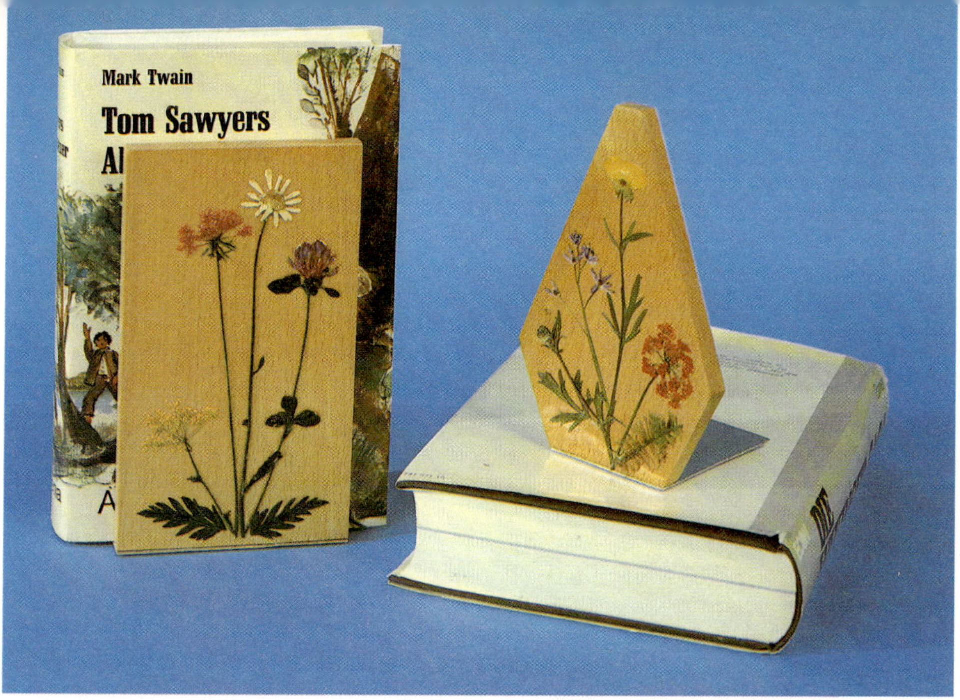

Glasfasermaterial läßt sich ebenfalls mit Lack überziehen. Man sollte jedoch einen wirklich klaren und nicht gelblich durchsichtigen Lack verwenden. Es ist ratsam, zuerst ein kleines Muster in Form eines **Lesezeichens** anzufertigen. Glasfasermaterial wird wie Holz lackiert.
Nun können wir mit der Anfertigung von Lampenschirmen beginnen. Zum Beziehen wählen wir Glasfasermaterial oder einen anderen geeigneten Werkstoff.

Für **runde Lampen** zum Aufhängen an der Decke ergibt die Abwicklung für den Schirm eine rechteckige Form. Diese wird zuerst aus einem Bogen Papier zugeschnitten und die senkrechten Stäbe des Drahtgestelles darauf angezeichnet. Hierauf gestalten wir unseren Schirm und nehmen dabei Rücksicht auf die Drähte, die ja später leicht durchscheinen.

Das Glasfasermaterial wird jetzt zugeschnitten und zu einem über den Draht passenden Zylinder geformt.
Den Lampenschirm arbeiten wir so, daß er sich stramm über das Lampengestell schieben läßt und kaum eine andere Befestigung benötigt.
Der befestigte Schirm wird mit Lack überzogen und die Pflanzen und Schmetterlinge darauf angeordnet. Sobald die erste Schicht getrocknet ist, kann eine zweite darüber aufgetragen werden.
Schmetterlinge wirken auf Lampenschirmen besonders freundlich. Wer seine Lampe später zum Befestigen der Ziergegenstände einfach überlackieren möchte, wähle am besten Papierschmetterlinge von einem guten Druck, dessen Rückseite neutral gefärbt und nicht bedruckt sein soll.
Echte Schmetterlinge sind sehr empfindlich und lassen sich wegen ihres aufliegenden Staubes und ihrer Zerbrechlichkeit kaum unversehrt in den Lack einlegen. Wer diese echten Exemplare auf seinen Lampenschirm bringen möchte, klebt sie genau wie die Pflanzen auf den Schirm und überdeckt alles mit einer glasklaren Folie, die durch Bast oder durch ein Band mit dem Schirm verbunden werden kann.
Für kleine Lampen eignet sich auch eine klare Selbsklebefolie; auf die Schwierigkeit beim Aufziehen von großen Stücken haben wir bereits hingewiesen.

GOETHE

Für einen **Wandschmuck** mit Holzhintergrund brauchen wir wieder ein schön gemasertes Stück. Hierfür dürfen auch Gräser und Pflanzen genommen werden, die etwas dicker sind und hervorstehen. Das Blumenbild erhält dadurch eine plastische Wirkung.

Es ist nur zu bedenken, daß dicke Gräser oder ähnliche Pflanzen teilweise viel Lack aufsaugen, bis sich die schützende Schicht bildet. Diese erleichtert später das Abstauben.

Am besten gruppieren wir unsere Pflanzen auf einem gleich großen Bogen Papier wie unsere Holzplatte und übertragen dann ein Stück nach dem anderen auf die lackierte Oberfläche. Ein Verziehen des Holzes vermeiden wir, indem wir auch die hintere Fläche lackieren.

Kettenanhänger und **Broschen** aus schönem Holz, auf das wir eine kleine Blume in den klaren Lack einbetten, sind ein gediegener Schmuck. Bei Anhängern machen wir oben eine Öse aus Draht und bei einer Brosche kleben wir hinten eine Befestigungsnadel fest.

Mit Pflanzen drucken

Viele Pflanzen eignen sich zum Drucken. Das Verfahren ist einfach und die vielseitigen Möglichkeiten und Ergebnisse sind überraschend. Als Druckfarbe können wir schwarze, weiße oder farbige Ausziehtusche oder eine Druckfarbe benutzen.

Besonders gut wirken Blätter und Pflanzen mit einer feinen Maserung, die beim Druck gut herauskommt.

Wir walzen oder pinseln die Farbe ganz gleichmäßig über unsere Pflanze, legen sie mit der eingefärbten Seite auf die zu bedruckende Unterlage, fügen ein gut saugendes Stück Papier darüber und streichen mit der flachen Hand, einem geballten Tuch oder einer Schaumgummiwalze gleichmäßig darüber. Danach nehmen wir das obere Papier ab und entfernen vorsichtig die Pflanze.

Durch Probedrucke finden wir heraus, wie stark das Druckmaterial für die zu bedrukkende Unterlage eingefärbt werden muß. Das Einfärben soll ganz gleichmäßig und möglichst rasch ausgeführt werden.
Beim Einstreichen der Pflanze mit einem Pinsel wird oft ein zweites Überpinseln nötig, da die Farbe an den Stielen zuerst eintrocknet.
Es ist zweckmäßig, für dieses Verfahren jeweils mehrere Exemplare von der gleichen Pflanze zu sammeln, damit man experimentieren kann. Viele, besonders die zarten Pflanzen, eignen sich nur für einen oder zwei Drucke, weil sie nach dem Lösen vom Druck zerbrechen oder einzelne Blätter sich kräuseln. Festere und grobe Blätter lassen sich mehrmals abziehen.
Dieses Druckverfahren bietet uns ein großes Anwendungsgebiet für die verschiedensten Dekorationen. Schon der Druck einer einzelnen Glockenblume kann einen schönen Wandschmuck geben.
Zum Bedrucken eignen sich saugfähige Papiere am besten. Diese können in allen Farben gewählt und ein- oder mehrfarbig bedruckt werden.

Eine leere Dose läßt sich schnell in eine dekorative **Tee- oder Biskuitdose** verwandeln, und die ganze Familie freut sich an diesem eigenen Werk.
Das Papier zum Überdecken der Dose wird zugeschnitten und mit einigen Pflanzen auf der ganzen Länge bedruckt. Das fertige Band wird an die Dose geklebt. Auch den Deckel kann man entsprechend verzieren. Pflanzen, die doppelt abgebildet werden sollen, müssen wir nach jedem Abdruck wieder neu und gleichmäßig einfärben. Wenn es einmal passiert, daß einzelne Teile zu schwach abgedruckt werden, so hilft man sich am besten, indem man diese Stellen mit einem Pinsel nacharbeitet. Zweimal übereinander zu drucken gelingt kaum, da man die Pflanze nicht mehr genau auf die gleiche Stelle legen kann und es nur zu unliebsamen Überschneidungen kommt.

Für ein **Gästebuch,** beziehungsweise Foto- oder Poesiealbum, genügen schon einige Blätter zur geschmackvollen Verzierung der vorderen Seite.

Eine **Schreibmappe** und mit Blumenmotiven selbst bedrucktes Briefpapier sind etwas Besonderes. Es ist vor allem ein stets willkommenes Geschenk.
Auch die Mappe fertigen wir an. Wir benötigen dazu zwei starke Pappdeckel, die etwas höher und breiter sind als unser Schreibpapier, sowie einen Pappstreifen, der so breit wie der Rücken ist, außerdem etwas Leinen, Papier zum Beziehen und einen Bogen Karton.
Zuerst kleben wir den Rücken und seitlich davon je die vordere und hintere Pappe auf den Leinenstreifen. Der Zwischenraum zwischen dem vorderen und hinteren Pappdeckel und dem Rücken soll der Pappstärke entsprechen. Die oben und unten überstehenden Enden des Leinens werden nach innen gebogen. Anschließend wird der innere Deckstreifen ebenfalls aus Leinen aufgeklebt.
In der Skizze ist zu sehen, wie das Papier zum Beziehen zugeschnitten wird. Am besten bedruckt man es vor dem Beziehen mit einem Pflanzenmuster. Die vorstehenden Stücke werden sauber nach innen umgeklebt.
Die linke Innenseite wird mit einem weißen Bogen überzogen. Für die rechte Seite arbeiten wir aus Karton eine Tasche für das Briefpapier. Nachdem wir die Abwicklung hierfür aufgezeichnet und ausgeschnitten haben, ritzen wir diese an den strichpunktierten Linien leicht ein. So läßt sich der Karton je nach der Menge des eingelegten Briefpapiers an den verschiedenen Stellen falten.

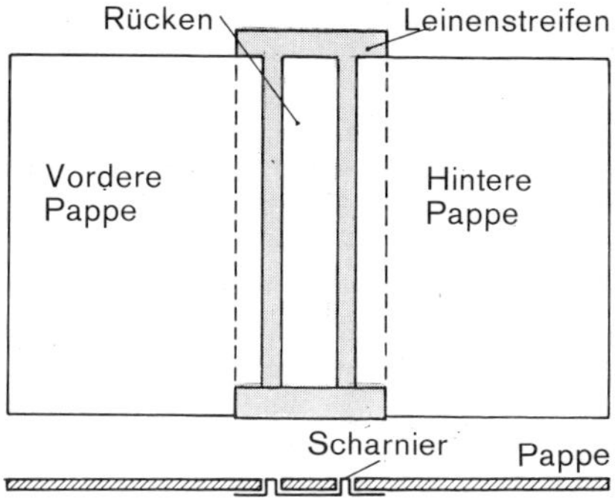

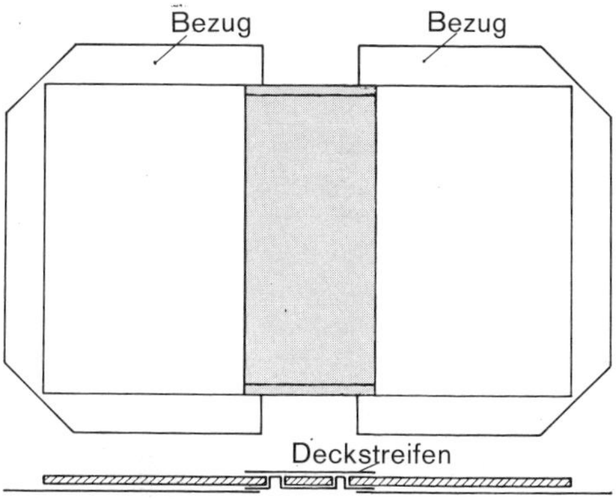

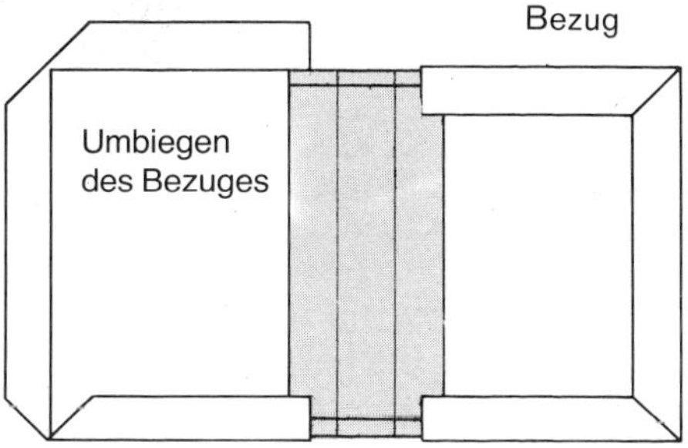

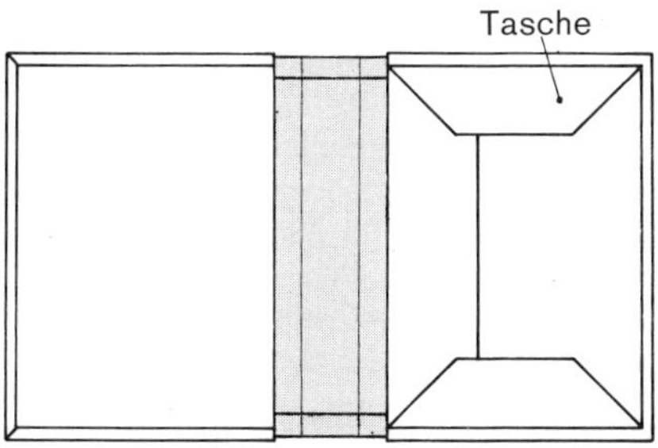

fertige Mappe

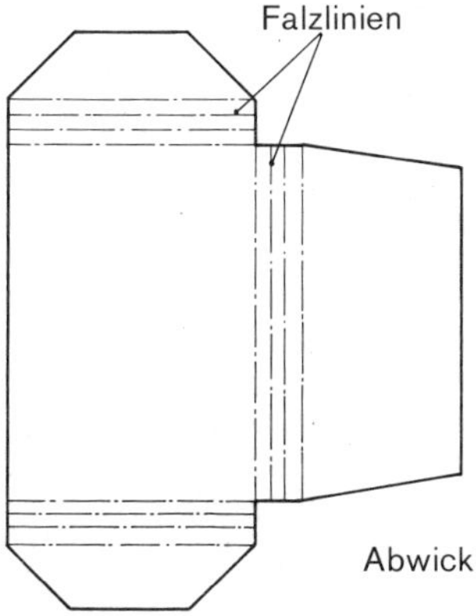

Abwicklung der Tasche

Fotografisches Gestalten mit Pflanzen

Mit allen gepreßten, ausgetrockneten Pflanzen, wie Gräsern, Blumen oder Blättern, lassen sich fotografisch sehr schöne und vielseitige Motive gestalten und für Wanddekoration, Lesezeichen, Tisch- und Glückwunschkarten verwenden.
Teure Geräte sind hierfür nicht nötig. Wer einen Raum verdunkeln kann, hat schon die wichtigste Voraussetzung dazu. Die normale Glühbirne wird mit einer Dunkelkammer-Birne ausgetauscht. Diese gibt zum Arbeiten ausreichendes Licht. Das Fotopapier wird jedoch während der kurzen Aussetzung durch dieses Licht nicht beeinflußt.
Über unserem Arbeitstisch bringen wir, wie die Zeichnung zeigt, eine Lichtquelle an, beziehungsweise stellen unseren Tisch unter eine schon angebrachte Lampe. Die Entfernung vom Tisch soll mindestens 1,5 m betragen, damit das Licht unser Bild gleichmäßig beleuchtet. Eine runde, milchige Lichtkuppel, wie sie in Küchen oder Badezimmern installiert ist, eignet sich gut. Das belichtete Fotopapier wird wie üblich verarbeitet. Zum Entwickeln und Fixieren richten wir uns eine Arbeitsecke ein. Die Größe der Schalen richtet sich nach den Maßen unseres Fotopapiers, während die Schüsseln zum Waschen beliebig groß sein können. Für das letzte Wässern kann sogar die Badewanne gebraucht werden.
Das belichtete Papier wird gleichmäßig in den Entwickler eingetaucht und leicht hin- und herbewegt. Darauf wird es in der nächsten Schale kurz mit Wasser abgespült und in das Fixierbad eingelegt. Etwa zehn Minuten bleibt es darin liegen. Ab und zu sollte das Bild leicht hin- und herbewegt werden.
Wenn wir das Fixierbad mit einem Karton zudecken und das Bild so vor Lichteinwirkung schützen, können wir bereits das nächste Bild belichten. Das fertig fixierte Bild wird noch eine halbe Stunde gewässert, damit alle Chemikalien entfernt werden. Dann wird es sorgfältig getrocknet.
Die Chemikalien werden mit Wasser nach der beiliegenden Gebrauchsanweisung gemischt.
Die Hände sind während der Arbeit immer gründlich abzuspülen, damit ein Mischen von Entwickler und Fixierbad nicht möglich ist. Das Fotopapier soll nur mit trockenen Händen am Rand berührt werden, damit es keine Fingerabdrücke bekommt.
Das Fotopapier ist nur bei Dunkelkammerlicht auszupacken und nur ein Bogen, beziehungsweise ein Probestreifen, ist aus dem Paket zu nehmen. Wenn wir unseren Vorrat an Fotopapier während der Belichtung gut verschlossen halten, bleibt es vor unliebsamer Lichteinwirkung geschützt.
Wir beginnen am besten mit einem einfachen Versuch. Bei Dunkelkammerlicht legen wir eine Blume auf einen Probestreifen Fotopapier und schalten dann die Lichtquelle darüber kurz ein. Die Belichtungszeit kann nicht im voraus angegeben werden, da sie von der Stärke und dem Abstand der Birne, Art der Blume sowie des verwendeten Fotopapieres abhängt.
Die Bildseite des belichteten Fotopapiers bleibt im Entwickler oben. Wir erkennen dann schnell, ob wir unter- oder überbelichtet haben. Unsere Versuche werden so lange fortgesetzt, bis die Belichtungszeit, die wir am Sekundenzeiger genau ablesen, zu einem guten Ergebnis führt.

Vor dem Belichten der Pflanzen prüfen wir, ob sie alle eng am Fotopapier anliegen. Bei etwas sperrigen oder hochstehenden Blumen nehmen wir am besten eine Glasplatte und decken diese darüber. So wird ein enger Kontakt mit dem Fotopapier gewährleistet. Die Ränder werden schärfer abgebildet und das Licht kann nicht von der Seite her unter die Pflanze dringen und dadurch graue statt weiße Töne erzeugen.
Schon mit einzelnen Pflanzen lassen sich gute Effekte erzielen. Will man dagegen mehrere Pflanzen zusammenfügen, macht man am besten mit einem Exemplar und einem kleinen Stück Papier seine Versuche.

Bei sehr verschieden gearteten Blumen können Versuche mit jeder einzelnen Sorte nötig sein, um die richtige Belichtungszeit herauszufinden.
Bachnelkenwurz eignen sich für solche Kontaktfotos besonders gut. Sie kommen so kontrastreich abgezogen besser zur Geltung als wenn sie gepreßt zusammengestellt sind, da sie dann nicht viel Farbunterschiede aufweisen. Das Schwarzweiß-Foto zeigt erst richtig, wie zierlich und schön geformt diese Pflanze ist.
Da das Fotopapier durch die Lichteinwirkung beim Entwickeln dunkel wird und sich nur die aufgelegten Pflanzen hell abheben, sind für Tisch- und Glückwunschkarten die Teile, die weiß bleiben sollen, mit einem Karton abzudecken.
Aus einem kräftigen schwarzen Papier wird eine Maske geschnitten, bei welcher der Teil der einen schwarzen Hintergrund zu unseren Pflanzen bildet herausgeschnitten wird. Unsere Glückwünsche zeichnen wir auf den weiß gelassenen Teil.
Die Karten bleiben entweder einfach oder werden gefaltet, je nach der Größe des Fotopapieres. Bei mehrblättrigen Karten lassen wir seitlich links einen mindestens 20 mm breiten Rand stehen. Diesen biegen wir um und kleben unsere Blätter mit der Beschriftung hinein.
Für diese Karten wählen wir Fotopapier ohne Markenbezeichnung auf der Rückseite. Der Handel liefert auch Sondermasken zur Herstellung von Karten auf fotografischem Weg. Diese schwarzen Masken begrenzen nicht nur eine klare Fläche, auf die wir unsere Blumen legen können, sondern haben auch verschiedene Arten von Beschriftungen, welche dann gleichzeitig auf das Papier mit übertragen werden.
Wollen wir unsere Blumenbilder auf einen starken Karton aufziehen, um sie besser aufhängen zu können, benutzen wir hierzu am besten einen der modernen Gummiklebstoffe. Bildrücken und Karton werden separat mit dem Klebstoff bestrichen und sobald dieser auf beiden Flächen angetrocknet ist, zusammengepreßt. Ein Verrutschen nach dem ersten Kontakt zwischen Karton und Foto ist nicht mehr möglich, weshalb die Ränder gut übereinander zu legen sind. Wir erleichtern uns die Arbeit, wenn wir den Karton etwas größer wählen und hinterher auf das richtige Maß beschneiden.

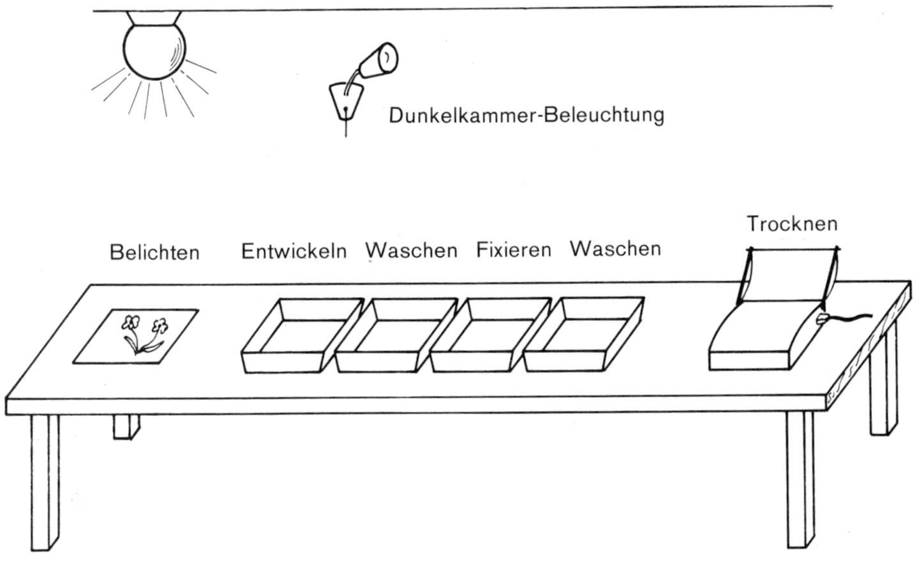

Das Einbetten von Pflanzen in Gießharz

Ein weites Gebiet umfaßt das Einbetten von Pflanzen in Gießharz für Untersetzer, Wandschmuck, Briefbeschwerer usw. Die Möglichkeiten sind so vielfältig, daß hier nur ein kurzer Einblick gegeben werden kann.

Die Blumen werden wie für alle anderen Arbeiten getrocknet und wenn nötig mit Wasserfarbe angemalt. Zum Eingießen werden sie noch zusätzlich mit klarem Nitrolack überzogen, damit die verschiedenen Farben nicht unter der Einwirkung des Harzes verlaufen können. Ein Anstrich ist auch für nicht gefärbte Pflanzen zu empfehlen, da die natürlichen Farbstoffe der Pflanze auch angegriffen werden können.

Als Gießharz sind Epoxyd- und Polyesterharze geeignet. Beide bestehen aus zwei Komponenten, dem eigentlichen Gießharz und dem dazugehörigen Härter.

Bei richtiger Lagerung ist Gießharz mit getrennt aufbewahrtem Härter in der Originalverpackung mindestens 1 Jahr haltbar. Feucht gewordenes Harz bekommt ein trübes Aussehen. Es kann noch verarbeitet werden, muß aber vor dem Mischen auf 120–140 ^{0} C erwärmt und auf Raumtemperatur abgekühlt werden, damit es wieder klar wird. Wenn das trüb gewordene Harz Ausflockungen aufweist, kann es nicht mehr verwendet werden.

Das Mischen von Harz und Härter erfolgt je nach Marke und beträgt zwischen 1 und 10 % Härter zu 100 % Gewichtsteilen Harz. Die Gebrauchsdauer dieser Mischung beträgt bei 20 ^{0} C 1–1$^{1}/_{2}$ Stunden, was für die hier beschriebenen Arbeiten gut ausreicht. Die Gebrauchsdauer kann durch Herabsetzen der Härtemenge bis auf etwa 2–2$^{1}/_{2}$ Stunden verlängert werden. Bei höheren Temperaturen härtet die Mischung schneller aus. Die Form mit den eingegossenen Blumen kann man gut auf eine lauwarme elektrische Heizplatte stellen.

Für gute Ergebnisse ist die Einhaltung des richtigen Verhältnisses von Harz und Härter wichtig. Das Abwiegen ist nicht ganz leicht. Da beide Komponenten dünnflüssig sind, empfiehlt es sich, diese volumetrisch abzumessen. Hierbei ist zu beachten, daß bei normaler Temperatur Gießharz ein spezifisches Gewicht von 1,1 und Härter ein solches von 1 aufweist. Als Meßbecher soll möglichst ein solcher aus Plastik (PVC, Hostalen, Lupolen) gebraucht werden, da das Harz an diesem Material nicht haftet. Solange das Harz noch flüssig ist, können Pinsel und Arbeitsgeräte mit Gießharzreiniger oder Aceton gereinigt werden. Ausgehärtetes Harz kann von Arbeitsgeräten oder Kleidern nicht mehr entfernt werden. Während der Arbeit empfiehlt sich größte Sauberkeit.

Die Härtung fängt an, wenn Gießharz und Härter gemischt sind. Dazu muß der Härter mit einem Glas- oder Holzstab gründlich in das Harz eingerührt werden; mindestens so lange, bis der am Anfang sichtbare ölige Schleier in der Mischung vollkommen verschwunden ist.
Die Formen können aus Glas, Holz, Stahl, Leichtmetall, Gips usw. sein. Überall wo sich das Gußstück später wieder von der Form lösen soll, muß die Oberfläche der Form entsprechend mit einem Trennmittel (Bohner- oder Bienenwachs, Nitrolack) angestrichen werden. Eine Ausnahme machen Materialien wie Zelluloid, Cellophan und PVC-Folien, welche keiner Behandlung bedürfen, da das Gießharz auf ihnen nicht haftet. Es gibt auch eine Menge fertiger Formen, welche wir entweder im Bastelladen speziell für das Eingießen kaufen können oder welche in Warenhäusern als Eiswürfelformen, kleine Schüsseln usw. aus Polyäthylen (Hostalen, Lupolen) erhältlich sind.
Die Form für einen einfachen Abguß kann am leichtesten aus dünnen, zusammengeklebten Holzleisten bestehen. Diese werden vor dem Zusammenkleben mit feinem Schmirgelpapier poliert, mit Trennmittel auf den Innenseiten behandelt und mit Tesaband auf eine ebenfalls mit Wachs eingeriebene Glasplatte befestigt.
Es ist auch möglich, unsere Holzrahmen auf den Innenseiten mit Tesaband zu verkleiden und mit einer Zelluloidplatte als Boden, welche nachher natürlich auf einen festeren Untergrund, wie zum Beispiel eine Glas- oder Holzplatte, zu legen ist, zu versehen. Hierbei fällt die Behandlung mit einem Trennmittel weg.
Für nicht zu große Formen kann auch dikkeres Zelluloid zu einer Form gebogen und geklebt werden. Diese hat ebenfalls den Vorteil, daß sie gar nicht mit Trennmittel behandelt werden muß und dem Abguß eine besonders schöne Oberfläche verleiht. Dünnere Folien, besonders Cellophan, dehnen sich unter dem Einfluß des Gießharzes, so daß nachher eine wellige Oberfläche entsteht.
Formen aus Polystyrol sind nicht geeignet, da sie vom Gießharz angegriffen und aufgelöst werden. Wenn man nicht sicher ist, ob ein Material als Form geeignet ist, gibt man einen Tropfen Harz darauf und wischt es nach 10 Minuten wieder weg. Wird die Form an dieser Stelle rauh oder klebrig, ist das Material zum Eingießen ungeeignet.
Bevor wir das gemischte Harz gießen, lassen wir es einige Minuten stehen, damit eingerührte Luft entweichen kann. Während dieser Zeit können wir noch einmal überprüfen, ob alles zur Hand liegt, damit beim Gießen keine Zeit verloren geht.
Etwas Aceton und ein Putztuch oder Papier für Reinigungszwecke sollen stets greifbar sein. Die getrockneten und präparierten Blumen liegen auf einem Bogen Papier schon in der gewünschten Anordnung bereit.
Es sollen nur Schichten bis etwa 1 cm Dicke auf einmal gegossen werden, da die Wärmebildung beim Erstarren sonst zu Rissen führt. Diese sind für gewisse Ornamente zwar sehr dekorativ, aber bei eingegossenen Pflanzen vollkommen unerwünscht.
Es wird zuerst nur ein Teil, etwa die Hälfte, der benötigten Harzmenge gemischt und in die vorbereitete Form gegossen. Sobald das Material anfängt zu gelieren, werden

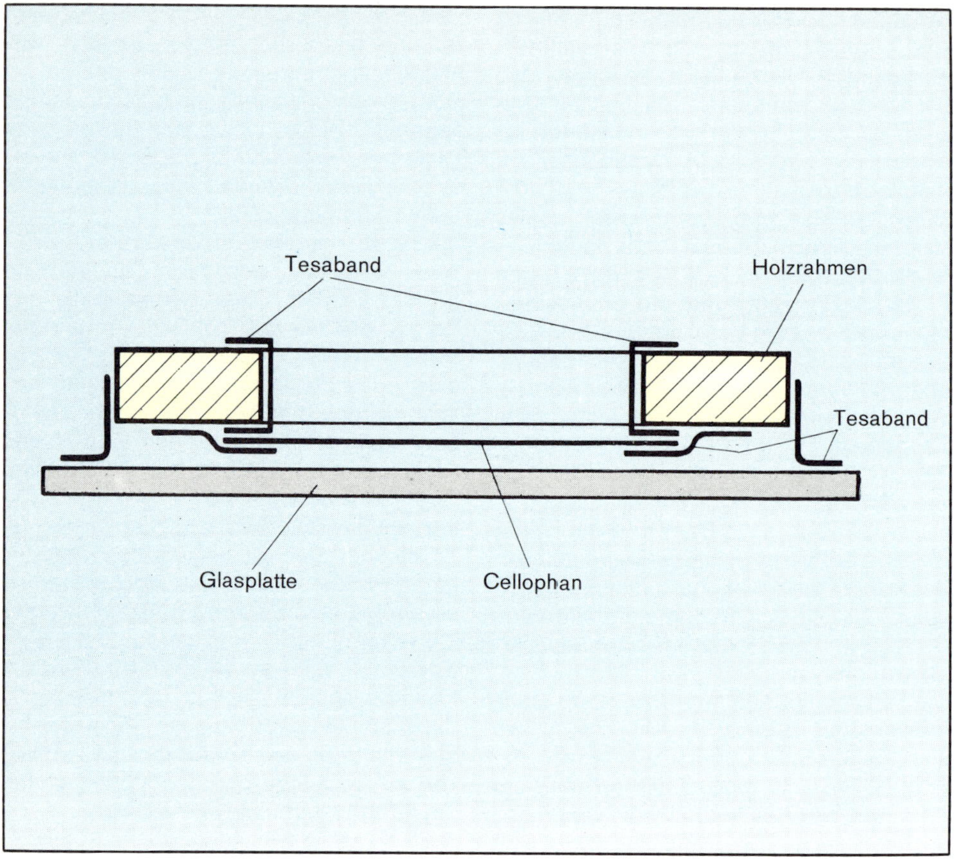

die Blumen, Blätter oder Gräser usw. darauf gelegt. Man muß hier aufpassen, daß keine Luft unter der Pflanze bleibt. Die Teile können mit einem kleinen Holzstab zurecht gelegt werden.

Nachdem diese Schicht etwas angehärtet ist, können wir den Rest von Harz und Härter mischen und darauf gießen. Das Eingießen erfolgt am besten von einer Ecke der Form her. Das Harz rollt sich vorwärts, um die ganze Form zu füllen und drückt damit die Luft aus den Zwischenräumen der Pflanzen, so daß keine Blasen entstehen können.

Das Ausformen wird gut 24 Stunden nach dem Abgießen vorgenommen, damit eine gute Aushärtung garantiert ist. In manchen Fällen haftet das Harz etwas am Holzrahmen; es ist dann nötig, diesen abzubrechen. Wenn richtig mit Trennmittel behandelt war, ergibt sich eine glatte Bruchkante. Das Harz bildet sich an den Rändern der Form höher, auch hat die Oberfläche noch eine klebrige Oberschicht. Diese Schicht und die Ränder sind am besten mit Schmirgelpapier zu entfernen. Hierfür wird das Schmirgelpapier auf einem Brett festgehalten und die Teile mit kreisenden Bewegungen hin- und hergerieben. Man fängt mit grobem Papier (120 bis 180) an und gebraucht dann immer feineres. Jedes Papier soll gerade die Spuren vom vorhergehenden entfernen, bevor es selbst durch das nächst feinere ersetzt wird. Für die fei-

neren Grade (220 bis 320) nimmt man Naßschleifpapier und schmirgelt unter fließendem Wasser. Dadurch werden alle Körner und der Schleifstaub sofort weggeschwemmt und können keine Kratzer verursachen. Nach dem Schleifen mit dem feinsten Schleifpapier (600) werden die gegossenen Teile mit Polierpaste oder Metallputzmittel poliert. Dafür braucht man einen weichen Lappen (Flanell oder Trikot). Das Polieren macht den gegossenen Block vollkommen durchsichtig und die feinsten Einzelheiten der eingebetteten Pflanzen können gesehen werden.

Größere, dünne Gegenstände können gut mit einer Glasfasermatte verstärkt werden. Diese kann sogar einen schön gemusterten Hintergrund zu den Blumen geben. Die Glasfasermatte wird in die erste Schicht Harz unter den Blumen eingelegt. Nachdem man etwas Harz über den Boden der Form gleichmäßig verteilt hat, legt man zuerst eine Ecke der Glasfasermatte in das Harz, und von hier ausgehend tupft man langsam die ganze Matte mit einem steifen Pinsel unter das Harz. Sollten trotzdem einige Luftbläschen unter der Glasfasermatte bleiben, werden diese mit dem Pinsel zum Rand getrieben, wo sie entweichen können. Wenn die Matte gut eingetupft ist, wird genügend Harz daraufgegossen, um die erste Schicht zum Einbetten der Pflanzen zu bilden. Die weiteren Arbeiten sind genau wie vorher beschrieben.

Das Beschichten mit flüssigem Kunststoff (Elastomail)

Elastomail ist ein vielseitig zu verwendendes Kunststoffharz, mit dessen Hilfe sich sehr schöne Gegenstände basteln lassen. Wir beschränken uns hier auf die Verarbeitung in Verbindung mit Blumen, Farnen, Blättern, Schmetterlingen und ähnlichem.

Elastomail ist ein flüssiger, kalt härtender Kunststoff zum Streichen, Gießen und Verformen. Er ist ungiftig, nicht explosiv und nicht flammbar und somit ein idealer Werkstoff für den modernen Bastler.
Wie bei den Polyester- und Epoxydharzen handelt es sich um einen Zwei-Komponenten-Kunststoff. Das heißt, daß das Grundmaterial auch hier vom Härter separat geliefert und gelagert wird und erst kurz vor dem Gebrauch zu mischen ist. Das Mischungsverhältnis beträgt 8 Teile Grundmaterial und 3 Teile Härter.
Das Abmessen ist durch ein mitgeliefertes Meßgefäß mit einer außen angebrachten Meßskala sehr einfach. Wenn dieses Gefäß nach jedem Gebrauch mit Spiritus sauber gereinigt wird, kann sich nicht nach und nach eine festhaftende Kunststoffschicht bilden, die ein richtiges Messen beeinträchtigen würde.

Ein besonderer Vorteil dieses Kunststoffharzes ist es, daß wir es zum Beschichten in dünnen Schichten auf Porzellan, Glas, Ton, Holz, Metall, Pappe, Stein, Papier, Kacheln, Schachteln, Dosen, Glasfasermaterial usw. verwenden können und es trotzdem gut austrocknet, nicht klebt und eine glänzende Oberfläche bildet. Dies läßt sich ausnutzen, indem wir die oben erwähnten Materialien mit Hilfe von Elastomail mit Blumen, Farnen, Blättern und anderen Schmetterlingen verzieren. Wir gehen hier folgendermaßen vor: Wollen wir zum Beispiel eine Kachel verzieren, so legen wir die Kachel und die gewünschten Blumen auf einer Plastikdecke bereit und rechnen die nötige Harzmenge aus.

Normalerweise wählen wir eine erste Beschichtung von etwa 1 mm. 1 Gramm Elastomail überdeckt bei einer Stärke von 1 mm etwa eine Fläche von 10 cm^2. Eine Kachel von 15 x 15 cm hat eine Fläche von 225 cm^2. Wir müssen also etwas mehr als 22,5 cm^3 im Verhältnis 8 Teile Grundmaterial und 3 Teile Härter nacheinander abmessen und in einem Meßbecher mischen. Dazu können wir gut einen Joghurtbecher aus Plastik verwenden. Grundmaterial und Härter werden mit einem Rührspatel gut miteinander gemischt, dann lassen wir die Masse ruhig stehen, 15 Minuten vorreagieren und rühren dann noch einmal um. Blasenbildung ist zu vermeiden.

Jetzt tragen wir die Mischung mittels eines breiten Spatels oder eines Bleches auf und legen die Pflanzen oder Schmetterlinge mit einer Pinzette vorsichtig in diese Unterschicht ein. Hochstehende Teilchen werden immer wieder sachte eingedrückt. Sollten Luftblasen auftreten, werden diese vorsichtig mit einer Nadel aufgestochen oder an den Rand getrieben.
Nach etwa 24 Stunden ist diese Schicht ausgehärtet.
Wenn der Rand scharfkantig und nicht abgerundet gewünscht wird, kleben wir um den entsprechenden Gegenstand einen Streifen Tesafilm, der das Abfließen der oberen Harzschicht vermeidet.
Glasklares Elastomail wird nun als Oberschicht in entsprechender Dicke als Schutz für die eingebetteten Teile aufgegossen. Sollten sich auch hier einzelne kleine Luftblasen zeigen, werden diese wieder, wie vorher erwähnt, mit einer Nadel aufgestochen, beziehungsweise ganz an den Rand getrieben.
So erhalten wir nach etwa 24 Stunden eine glatte, harte und glänzende Oberfläche. Wenn der Tesafilm nach etwa $1^1/_2$ Stunden abgezogen wird, bildet sich ein glatter Rand. Wenn nötig, kann der Rand befeilt und anschließend vorsichtig mit dem feinsten Naßschleifpapier geschliffen und mit einem Poliermittel poliert werden.

Genauso wie fast alle Gegenstände im Kapitel »Pflanzen lackiert«, können auch Lampenschirme mit Elastomail angefertigt werden.
Wir nehmen hierfür ein kräftiges weißes oder pastellfarbenes Papier oder einfaches beziehungsweise leicht gemustertes Glasfasermaterial. Dieses wird in entsprechender Größe zugeschnitten. Diesmal beschichten wir zuerst dünn die Rückseite, glasklar. Hierdurch erreichen wir, daß unser Lampenschirm transparent wird. Bei der Vorderseite mit den Einschlüssen verfahren wir genauso, wie beim Beschichten vorher beschrieben, wobei wir nur die Schicht so dünn wie möglich wählen, um das Formen des Lampenschirmes zu erleichtern.
Der Lampenschirm wird jetzt über das fertige runde Gestell gebogen und mit Tesafilm fixiert. Dann kann die Naht mit dickflüssigem Elastomail zusammengeklebt werden. Auch Drahtgestell und Lampenschirm können mit Elastomail verbunden werden.
Für eine viereckige Lampe wird der Lampenschirm am besten als erstes in die richtige Form gebracht, dann von innen einmal beschichtet und anschließend zum Einbetten der Pflanzen wie beim anderen Lampenschirm in zwei Gängen beschichtet. Die Naht wird wieder mit Elastomail geschlossen, der Lampenschirm über das Gestell geschoben und mit diesem durch Elastomail verbunden.

Diese Methode ist bei viereckigen Lampenschirmen vorzuziehen, weil bei einem nachherigen Biegen leicht an der scharfen Kante ein unerwünschter Knick entsteht.
Auch in Blöcken, wie Briefbeschwerer und ähnliche Gegenstände, lassen sich Pflanzen und Schmetterlinge gut eingießen. Wir verwenden hierfür fertig zu kaufende Formen aus Weich-PVC oder basteln uns eine Form wie im vorigen Kapitel beschrieben. Für unser Beispiel haben wir einen Block von 8,5 x 6 cm und einer Höhe von 1,2 cm gewählt. Zuerst wurde die Hälfte des wie zum Beschichten vorbereiteten Harzes eingegossen, die Pflanzen mit einer Pinzette eingelegt und leicht festgetupft.
Danach braucht das Stück 24 Stunden zum Festwerden, bis die nächste Schicht darüber gegossen werden kann. Nachdem auch die obere Schicht nach gut 24 Stunden ausgehärtet ist, können wir den Block vorsichtig aus der Form heraustrennen. Das Stück hat eine glatte Oberfläche. Wenn die Form nicht vollgegossen war, stehen die oberen Kanten etwas hoch; bei randvoller Form ist die Oberfläche leicht bombiert (siehe Skizze).
Bei der Nachbehandlung werden zuerst, wenn nötig, die Kanten sauber gefeilt, danach werden die Oberflächen auf einem platt auf dem Tisch oder Brett liegenden wasserfesten Schmirgelpapier naß geschliffen, bis das Papier die ganze Oberfläche schleift. Danach wird mit immer feinerem Papier naß geschliffen, wobei jedes Papier gerade die Kratzer vom letzten wegzunehmen hat. Nach dem feinsten Papier wird der Block auf einem auf ein Holz gespannten, dicken nassen Tuch mit Scheuersand weiter geputzt, danach wird auf einem anderen Tuch, wieder auf ein Stück Holz gespannt, mit Metallputzmittel poliert. Den letzten Glanz erhält das Stück mit einem weichen Tuch mit einer Möbelpolitur.

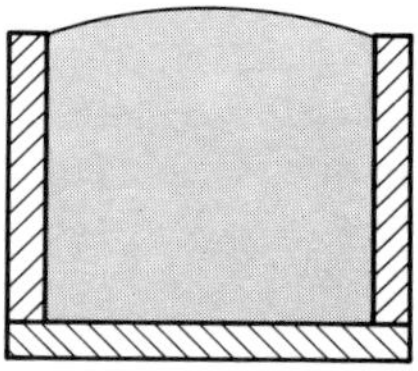
Bei vollgegossener Form
bombierte Oberfläche

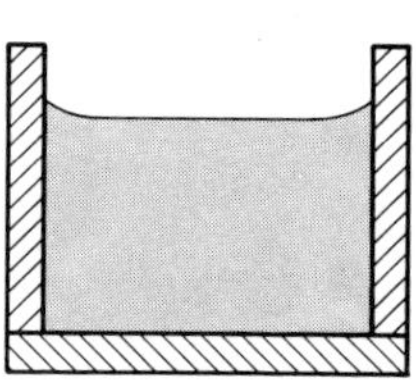
Bei nicht vollgegossener Form
steigen die Ränder durch Kapillarwirkung

Wenn es möglich ist, bei dünnen Stücken mit großer Oberfläche etwa 4 mm ringsherum die Kanten mit Säge und Feile abzunehmen, ist es nicht nötig die Ober- beziehungsweise Unterseite des Blockes zu schleifen. Hierfür ist natürlich Voraussetzung, daß unsere Form zum Einbetten eine einwandfreie glatte Fläche aufgewiesen hat.

Bei den Säge- und Feilarbeiten soll die Oberfläche durch festen Karton geschützt werden.

Arbeitsmaterial und eventuell mit Kunststoffharz befleckte Kleidungsstücke können in noch flüssigem Zustand des Harzes leicht mit Spiritus gereinigt werden.

Fundorte und Jahreszeiten

Pflanze	Fundort	Jahreszeit
Schneeglöckchen	Garten, fette Wiesen	Februar
Märzglöckchen	feuchte Wiesen unter Eschen und Buchen	März - April
Gartenkrokus	Garten	März - April
Wilder Krokus	Bergwiesen	März - April
Scilla	Wiesen, Waldrand	März - April
Stengellose Primel	Wiesen, lichte Wälder	März - April
Leberblümchen	Wald	März - April
Anemone oder Buschwindröschen	Wald	März - April
Hahnenfußanemone	Wald	März - April
Gänseblümchen	Wiesen, Rasen	März - September
Hirtentäschel	Wiesen, Wegrand	März - September
Frühlingsfingerkraut	Weg- und Waldrand	März - Mai
Huflattich	Felder	April
Bisamhyazinthe	Felder im Hügelland	April
Scharbockskraut	Wald	April
Schlüsselblume	Wiese, lichte Wälder	April
Immergrün	Wald	April - Mai
Waldveilchen	Wald	April - Mai
Wiesenschaumkraut	Wiesen	April - Mai
Ackerstiefmütterchen	Äcker	April - Oktober
Bärenlauch	Wald	Mai
Sauerklee	Wald	Mai
Waldmeister	Wald	
Maiglöckchen	Wald, Garten	Mai
Blätter von Blumen, Bäumen und Sträuchern	Wald, Garten, Böschungen	Frühjahr - Herbst
Farnkräuter	Wald	Frühjahr - Herbst
Gräser	Wald, Wiesen, Felder	Frühjahr - Herbst
Wund- oder Gelbklee	Wiesen, Wegrand	Mai - Juni
Bitteres Schaumkraut	an Bächen	Mai - Juni
Sauerampfer	Wiesen	Mai - Juni
Wiesenkerbel	Wiesen	Mai - Juni
Kuckuckslichtnelke	feuchte Wiesen	Mai - Juni
Bachnelkenwurz	feuchte Wiesen	Mai - Juni
Geflecktes Knabenkraut	feuchte Wiesen, Wald	Mai - Juni
Wiesenbocksbart	Wiesen	Mai - Juni
Wiesenpippau	Wiesen	Mai - Juni
Inkarnatklee	Wiesen	Mai - Juli
Wiesensalbei	Wiesen, Wegrand	Mai - August
Hufeisenklee	trockener Grund	Mai - August
Bergklee	Wiese, Rand der Bergwälder	Mai - September

Pflanze	Fundort	Jahreszeit
Kleiner Klee	Wiesen, Wegrand	Mai - September
Glockenblume	Wiesen, Wegrand	Mai - September
Storchschnabel	Wegrand	Mai - September
Haariges Habichtskraut	Waldrand	Mai - September
Hornklee	Wiesen, Wegrand	Mai - September
Gänsefingerkraut	Wiesen, Grabenrand	Mai - September
Ackersenf	Wiesen	Mai - September
Vergißmeinnicht	Wiesen, Garten	Mai - September
Margerite	Wiesen, Äcker	Mai - September
Rote Waldnelke	feuchte Hänge am Wald	Mai - September
Weiße Waldnelke	Felder	Mai - September
Ringelblume	Garten	Mai - September
Weißklee	Wiesen	Mai - September
Rotklee	Wiesen	Mai - September
Hornklee	Wiesen	Mai - September
Bastardklee	Wiesen	Mai - September
Wollgräser	kalte und nasse Böden	Sommer, je nach Art
Goldkerbel	Hecken, Wiesenrand	Juni - Juli
Futterwicke	Äcker, Waldrand	Juni - Juli
Purpurklee	trockene Hänge	Juni - Juli
Sumpfpippau	sumpfige Wiesen	Juni - Juli
Pfeil- oder Flügelginster	Waldrand, trockener Boden	Juni - Juli
Klatschmohn	Äcker und Getreidefelder	Juni - Juli
Schafgarbe	Wiesen, Wegrand	Juni - August
Kornblume	Äcker, Getreidefelder	Juni - August
Kriechendes Fingerkraut	Gräben, feuchte Wiesen	Juni - August
Hunds- oder Hügel waldmeister	Hügel, Ufergebüsch	Juni - August
Labkraut	Wiesen	Juni - September
Große Bibernelle	Gräben, feuchte Wiesen	Juni - September
Skabiose	Wiesen	Juni - September
Flockblume	Wiesen, Wegrand	Juni - September
Blaue Luzerne	Wiesen	Juni - September
Wiesenferkelkraut	Wiesen, lichter Wald	Juni - September
Echtes Labkraut	Weiden, Wegrand	Juni - September
Wiesengeißbart	feuchte Wiesen	Juni - September
Rauhhaarige Wicke	Getreidefelder	Juni - September
Tausendgüldenkraut	trockener Boden	Juni - September
Bärenklau	Wiesen, lichte Wälder	Juni - Oktober
Thymian	trockene Wiesen	Juni - Oktober
Heidekraut	Heidelandschaft	Juli - September
Johanniskraut	trockene Wiesen	Juli - August
Hirschwurz	Gebüsche	Juli - August
Bitterkraut	Wiesen, Wegrand	Juli - August
Großes Seifenkraut	Flußufer, Wegrand	Juli - September
Kletterkerbel	Waldrand, an Hecken	Juli - September
Kleine Bibernelle	Wiesen, steiniger Boden	Juli - September
Prachtnelke	Wiesen, Waldrand	Juli - Oktober
Bergaster	trockene Hänge	August - September
Herbstzeitlose	Wiesen	Bei Herbstbeginn

TOPP

Blumenbücher aus dem Frech-Verlag

Art.-Nr.: 607

586

562

640

564

669